O MELHOR DE
Chiquinha Gonzaga

Peças originais e arranjos para piano

AMPLIADA

MELODIAS E CIFRAS

Nº Cat.: 265-A

Irmãos Vitale Editores Ltda.
vitale.com.br
Rua Raposo Tavares, 85 São Paulo SP
CEP: 04704-110 editora@vitale.com.br Tel.: 11 5081-9499

© Copyright 1998 by Irmãos Vitale Editores Ltda. - São Paulo - Rio de Janeiro - Brasil.
Todos os direitos autorais reservados para todos os países. *All rights reserved.*

Dados Internacionais de Catalogação na Publicação (CIP)
(Câmara Brasileira do Livro, SP, Brasil)

Gonzaga, Chiquinha, 1847-1935
O Melhor de Chiquinha Gonzaga. - - São Paulo :
Irmãos Vitale

ISBN 85-7407-052-1
ISBN 978-85-7407-052-0

1 . Piano - Música I. Título

99.0342							CDD - 786.207

Índices para catálogo sistemático:

1. Piano : Música   786.207

Fotos gentilmente cedidas pela Fundação Biblioteca Nacional.

CRÉDITOS

Editoração musical
Ulisses de Castro

Revisão musical
Claudio Hodnik

Arranjo para piano das músicas "Lua branca" e "Ó abre-alas"
Claudio Hodnik

Dados biográficos
José Domingos Raffaelli

Revisão de texto
Claudia Mascarenhas

Capa
Criativa

Lay-out e produção gráfica
Marcia Fialho

Produção executiva
Fernando Vitale

CHIQUINHA GONZAGA

ÍNDICE

Dados biográficos   5

Músicas:

Para piano
Ó abre alas	15
Lua branca (da opereta "O forrobodó")	16
Gaúcho (Cá e lá - O corta-jaca)	18
Annita	20
Saci-pererê (da opereta em 1 ato "A Corte na Roça")	22
A Corte na roça (Recitativo)	25
Meditação (Executada no drama "O Crime do Padre Amaro")	26
A dama de ouros	28
Carlos Gomes	30
Não insistas, rapariga	34
Atraente	36
Viva o Carnaval!	38

Melodias e cifras
Ó abre alas	40
Lua branca (da opereta "O forrobodó")	40
Gaúcho (Cá e lá - O corta-jaca)	41
Annita	41
Saci-pererê (da opereta em 1 ato "A Corte na Roça")	42
A Corte na roça (Recitativo)	43
Meditação (Executada no drama "O Crime do Padre Amaro")	43
A dama de ouros	44
Carlos Gomes	44
Não insistas, rapariga	45
Atraente	46
Viva o Carnaval!	47

CHIQUINHA GONZAGA

DADOS BIOGRÁFICOS

A vida da pianista, compositora, concertista e maestrina Chiquinha Gonzaga foi uma intensa aventura

repleta de acontecimentos musicais e extra-musicais inusitados para os padrões de uma época em que a austeridade e os rígidos costumes limitavam quase todas as atividades da mulher fora do lar. Ela foi uma pioneira que desafiou os padrões conservadores que prevaleciam na sociedade. Um dos seus maiores pecados, segundo a ótica da sociedade de então, foi tocar piano em público em locais considerados tabus, especialmente nos teatros e nas casas de espetáculos. Seu pioneirismo e espírito aventureiro, estribados em corajosas posições políticas, romperam preconceitos e barreiras que lhe trouxeram incontáveis dissabores e críticas, escandalizando uma sociedade de princípios tradicionalmente conservadores, que observava e criticava os passos, as atitudes e o comportamento dos que não seguiam suas regras e convenções.

Chiquinha Gonzaga foi uma cidadã consciente, com seus sonhos e ideais.

Feminista, sempre na vanguarda dos costumes, tomou a iniciativa de levantar publicamente uma série de bandeiras, enfrentando a opinião pública com altivez e decisão. Defensora da libertação dos escravos, aderiu à campanha abolicionista e integrou o movimento republicano, causando acentuado mal-estar entre os que não simpatizavam com aquelas duas causas. Devido a essas tomadas de posição, ela gerava desconfiança e revolta, sendo discriminada pelas camadas elitistas. Tudo isso acontecia ao mesmo tempo em que seu invulgar talento de pianista, compositora, concertista e maestrina crescia cada vez mais em apresentações públicas em teatros e casas de espetáculos, o que contribuiu para aumentar consideravelmente a animosidade que a elite nutria por ela. Talento e coragem formaram o binômio que impulsionou essa mulher de aparência frágil, mas decidida, de notável personalidade, que não media palavras para defender tudo em que acreditava, que estava muito à frente da sua época, quando quase tudo era proibido a uma mulher em relação ao seu comportamento em público.

Essa figura predestinada a ocupar um lugar de amplo destaque na história da música popular brasileira,

autora de cerca de 2.000 composições, cujo nome completo era Francisca Edwiges Neves Gonzaga, nasceu em 17 de outubro de 1847, no Rio de Janeiro.

Filha de José Basileu, um militar descendente de família abastada, e Rosa Maria de Lima, uma mestiça, sua vida conheceu inúmeras dificuldades devido à condição humilde de sua mãe. Rosa Maria enfrentou a forte pressão e o preconceito da família do marido, que não admitia sua união com uma mestiça. Apesar das dificuldades e pressões, ele assumiu a paternidade de Chiquinha. Homem de princípios rígidos, deu uma educação esmerada à filha na esperança de que ela fosse aceita pela sociedade e alcançasse uma posição de destaque na corte do Imperador Pedro II.

Os estudos da menina incluíam o aprendizado escolar básico e, principalmente, o piano.

Desde o primeiro contato, Chiquinha e o piano tiveram uma relação que seria indissolúvel por toda sua vida, dando-lhe notoriedade e sucesso, mas também inúmeros dissabores e desilusões. A música foi a grande paixão da sua vida. Chiquinha cresceu ao som de maxixes, valsas, polcas, modinhas e outros ritmos da época. A segunda metade do século XIX favoreceu o desenvolvimento da música no Rio, presente na vida dos habitantes que tocavam pianos, rabecas, flautas e atabaques, e em espetáculos líricos ou de bandas militares, festas de igrejas ou nos coretos. Valsas e polcas nos salões e lundu nas rodas de dança dos escravos, tudo se traduzia em música. A música atraía a atenção da população nas ruas, e era utilizada por mascates com seus realejos, pelos cantores de rua, amoladores de tesoura, cegos com suas sanfonas e vendedores em geral, que se destacavam cantando ou tocando algum instrumento. Logo algumas casas comerciais, como confeitarias e casas de chá, também tinham música ao vivo para alegrar os seus freqüentadores.

É provável que esse desenvolvimento musical tenha influenciado a vocação de Chiquinha.

Em casa, ela ficava horas seguidas ao piano, estudando e praticando, a ponto de sua mãe adverti-la continuamente para que observasse alguns intervalos de descanso.

Estudando sempre, Chiquinha aprendia inúmeras canções. Um pouco mais tarde, ganhava experiência tocando em festas familiares e conquistava a admiração dos que tinham a oportunidade de apreciar o seu talento, quase sempre surpresos como uma menina de sua idade dominava inteiramente o instrumento.

Em 1858, com 11 anos, compôs "Canção dos pastores",

a primeira das incontáveis melodias que deixaria para a posteridade. Todavia, as coisas não seriam fáceis para Chiquinha; ela enfrentaria caminhos espinhosos, cheios de obstáculos. Sua paixão pela música lhe trouxe contrariedades, dissabores e críticas contundentes. Para defender sua liberdade de tocar em público e outras posições corajosas, enfrentou situações delicadas e constrangedoras, inclusive humilhações por parte de uma sociedade que a considerava um desafio aos princípios de comportamento então vigentes. Naquela ocasião, às mulheres era reservado um papel secundário, inteiramente submissas aos esposos, a quem deviam servir em quaisquer circunstâncias, devotadas às tarefas do lar e à criação dos filhos, ficando limitadas a uma vida doméstica reclusa.

Com a chegada da família real ao Brasil, as mulheres

freqüentavam as recepções da corte, compareciam a saraus, ópera e teatros. A influência européia começava a se firmar no Rio de Janeiro, porém os padrões e a austeridade patriarcal continuavam inalteráveis. Para uma jovem com as idéias novas de Chiquinha nada restava, exceto cumprir as determinações de seu pai. Por imposição dele, aos 16 anos casou-se com Jacinto Ribeiro do Amaral, um militar de 24 anos descendente de uma família com excelente posição social. O futuro parecia sorrir para a jovem pianista. Mas o casamento conheceria muitas tormentas e esporádicos momentos de felicidade, se realmente existiram. Os conflitos entre Chiquinha e Jacinto se avolumaram, tendo a música como ponto principal de discórdia. Jacinto não admitia que a mulher tocasse em público, principalmente em locais que julgava pouco recomendáveis, pois considerava que uma esposa devia observar o recato do lar e cuidar dos filhos. Com seu temperamento rebelde, Chiquinha sempre contestava as repreensões do marido, que não suportava sua obstinação em tocar e, conseqüentemente, desobedecê-lo, uma atitude inimaginável para uma mulher naquela época. Com as discussões repetindo-se todos os dias, a separação foi inevitável e o casamento chegou ao fim.

Na condição de mulher separada e com cinco filhos para criar, voltou à casa paterna, mas continuava sendo cada vez mais criticada pela sociedade, considerada uma doidivanas excêntrica que se expunha publicamente com atitudes indignas e comprometedoras para uma mulher de boa família.

Ela pagou um alto preço pela separação, além de renunciar a vários privilégios. Mais tarde, expulsa da casa do pai, que renegou sua paternidade, corajosamente buscou uma nova vida, enfrentando novas tormentas. Tantas atribulações não abalaram a determinação e a coragem de Chiquinha. Ao contrário, deram-lhe mais forças para enfrentar a nova e amarga fase da sua vida. Sem marido e sem pai, ela foi à luta.

Alugou um porão numa velha casa em São Cristóvão, onde foi morar com os filhos. Para sobreviver, dava aulas de piano, tocava em festas e batia de porta em porta para vender partituras das suas composições.

Incerta quanto ao futuro, e sem a oposição da família,

Chiquinha passou a conviver muito mais intensamente com os círculos musicais da cidade. Admirada pelos músicos e artistas, esse convívio foi decisivo para ampliar sua formação musical. Conheceu músicos talentosos, entre eles o flautista Joaquim Antonio da Silva Callado, cuja influência foi decisiva na sua carreira, tornando-se seu grande amigo e incentivador. Callado fazia parte das rodas de choro do Rio e, segundo a historiadora Edinha Diniz, "pode ser considerado o criador do choro e o nacionalizador da música popular". Não demorou para que Chiquinha fizesse parte do conjunto Choro Carioca, liderado por Callado, tocando em bailes e teatros, além de freqüentar festas e rodas de choro.

Em 1877, Chiquinha compôs a polca "Atraente", que foi o seu primeiro sucesso. "Atraente" foi cantada nas ruas por meninos escravos, provocando a ira da família Gonzaga, que passou a destruir as partituras da polca colocadas à venda. Mas Chiquinha não se deixava abater. Superando toda sorte de *handicaps*, ela desmentiu todas as previsões pessimistas. Depois do sucesso de "Atraente", sua fama crescia na proporção em que suas músicas tornavam-se conhecidas nos salões, nos teatros e nas ruas. Chiquinha aceitou convites para compor e reger operetas e músicas para teatros de revista. Em 1880, ela escreveu um libreto e tentou musicá-lo; era "Festa de São João", uma peça de costumes que permaneceu inédita.

Finalmente, em 1885, estreou como maestrina com a opereta de um ato "A Corte na Roça",

em parceria com Palhares Ribeiro, cujo primeiro ato incluía "Saci-pererê". Por esse trabalho, quando pela primeira vez uma mulher empunhou uma batuta, algo extremamente bizarro aos olhos dos que não aceitavam que uma mulher dirigisse conjuntos musicais, ela tornou-se um centro de maledicências. Sucederam-se os espetáculos "A Filha de Guedes" (também em 1885), "O Bilontra e a Mulher-Homem" (1886), "O Maxixe na Cidade Nova" (1886) e "Zé Caipora" (1887). Segundo Edinha Diniz, 'na récita da peça "A Filha de Guedes", foi muito aplaudida, recebendo de seus muitos admiradores vários mimos de valor, muitos ramalhetes e uma bonita coroa'.

Aos poucos, seus triunfos contribuíram para que as barreiras começassem a ruir e ela fosse aceita em diversas camadas sociais. Chiquinha também tocava música clássica, outra faceta dos seus múltiplos talentos, e apreciava as músicas de Carlos Gomes, Verdi, Leoncavallo e Paganini. Em 1889, ela organizou uma festa em homenagem ao maestro Carlos Gomes, ao qual dedicou uma composição com o nome dele. Consta que o famoso maestro ficou impressionado com a qualidade da música de Chiquinha. O anúncio da récita dizia: "Francisca Gonzaga regerá todas as suas composições musicais. Assistirão a este concerto Suas Majestades e Altezas Imperiais". A festa foi um estrondoso sucesso, iniciando-se o programa com "O Guarani".

Tudo ia bem até que Chiquinha tocou suas composições populares no Teatro São Pedro,

quando convocou mais de cem violonistas e violeiros, numa época em que o violão era considerado um instrumento "maldito" pelos freqüentadores dos saraus. O concerto foi alvo de pesadas críticas, gerando um grande escândalo entre o público elitista do Teatro São Pedro.

A despeito de tudo, sua popularidade crescia cada vez mais, sendo chamada de "Offenbach de saias". Cada uma de suas partituras tinha sucesso garantido, com vendas expressivas que superavam a mais otimista expectativa dos editores.

Entretanto, os escândalos que acompanhavam a vida de Chiquinha também se estendiam além da música. Ela tinha um amante chamado João Batista Gonzaga, com quem vivia. Quando começaram o relacionamento, Chiquinha tinha 52 anos, e ele, 16. Inevitavelmente, os comentários foram contundentes porque, tentando dissimular essa situação e suavizar essa união ante o moralismo da sociedade, ela o apresentava como filho.

Para Chiquinha, as músicas que compunha para o teatro de revista garantiam retorno financeiro imediato,

a conquista do grande público e o reconhecimento como compositora. A opereta "Forrobodó", de 1912, que inclui a modinha "Lua branca", foi um dos maiores sucessos do teatro de revista, com 1.500 apresentações; a música-título foi incluída pelo compositor Darius Milhaud — que a ouviu em 1917, em sua passagem pelo Rio — na sua célebre sinfonia *Le Bouef Sur Le Toit*. Outro sucesso foi o tango "Corta-jaca", de 1895, cujo título original era "Gaúcho", que fez parte do repertório da revista "Zizinha Maxixe". Gravado oito vezes entre 1904 e 1912, foi interpretado no Palácio do Catete, em 1914. O marechal Hermes da Fonseca promovia sua última recepção oficial como presidente da República. Comandando a festa, D. Nair de Teffé quebrou o protocolo ao empunhar o violão e interpretar "Corta-jaca", surpreendendo os convidados. Escândalo dos escândalos, pois a música popular brasileira entrava para o *high society* através da primeira-dama do país. Apesar do seu invulgar sucesso, "Corta-jaca" não agradou a todos, sendo duramente criticada por ninguém menos que Rui Barbosa, uma unanimidade nacional: "O corta-jaca é a mais chula e a mais grosseira de todas as danças selvagens, irmã gêmea do batuque, do cateretê e do samba, e foi executada com todas as honras de Wagner". Na época, uma dança como o maxixe sugeria casais dançando muito próximos, de maneira provocante, o que era considerado altamente indecoroso. Mesmo com o profundo respeito que todos tinham por Rui Barbosa, sua opinião não foi levada em consideração pelos entusiastas da música popular. Um cronista da época assim se expressou: "Rui Barbosa teve coragem de emitir uma opinião num assunto que não conhece, e, por isso mesmo, não pode ser levado a sério. Como dizem nas rodas populares, ele perdeu uma grande oportunidade de ficar calado".

Sempre envolvida com os acontecimentos políticos, Chiquinha constantemente desagradava aos políticos e poderosos. Sua música "Aperta o botão" foi considerada irreverente e subversiva, razão pela qual Floriano Peixoto expediu ordem de apreensão da partitura e confisco da edição musical.

Mas o destino de Chiquinha lhe preparava novas e repetidas emoções, alargando seus horizontes. Outros sucessos estavam por vir, e alguns deles se eternizariam na música popular brasileira. Chiquinha mudou-se para o bairro do Andaraí, em 1889. Era uma fase em que os cordões de Carnaval faziam grande sucesso, com os foliões e os moradores do bairro entusiasmados aderindo em massa aos desfiles e brincadeiras de rua. Certo dia, enquanto dedilhava seu piano em casa, Chiquinha ouviu o ensaio do cordão Rosa de Ouro nas vizinhanças; prestou atenção e, imediatamente, compôs uma marcha-rancho homenageando o Rosa de Ouro. Intitulada "Ó abre alas", foi a primeira música do Carnaval carioca, pois até então os cordões não se apresentavam com músicas, mas repetindo estribilhos sem melodia. "Ó abre alas" foi o maior sucesso de Chiquinha e, até hoje, decorrido mais de um século, continua sendo a música-símbolo do Carnaval carioca, cantada em todos os salões de baile do país. Foi outro triunfo memorável de Chiquinha, levando para os salões a música que nascera do povo nas ruas. "Ó abre alas" foi incluída no repertório da peça teatral "Não Venhas", conquistando imediatamente o público. Dessa forma, o Carnaval também chegou ao teatro.

Sempre interessada em todas as atividades musicais, Chiquinha foi a primeira a considerar a possibilidade da defesa do compositor, desencadeando a luta pelos direitos autorais. Numa viagem à Alemanha, ela descobriu que Fred Figner, dono da então poderosa Casa Edison, embolsou os lucros de uma de suas composições. Decidida a proteger os direitos dos compositores, ao lado de outros músicos e amigos, em 1917 fundou a Sociedade Brasileira de Autores Teatrais (SBAT).

Chiquinha Gonzaga foi um exemplo de dedicação, idealismo, trabalho e obstinação em torno dos seus ideais.

Ela trabalhou até quase o final de sua vida. Numa de suas últimas aparições em público, aos 89 anos, o maestro Francisco Braga perguntou-lhe se ainda compunha, ao que respondeu, com humor: "Não, agora só descomponho". Chiquinha Gonzaga faleceu em 28 de fevereiro de 1935, mas sua obra gigantesca e imorredoura, de monumental criatividade, garantiu-lhe a eternidade artística.

José Domingos Raffaelli

CHIQUINHA GONZAGA

MÚSICAS

Ó ABRE-ALAS

Marcha-rancho

Francisca Gonzaga

Ó Abre-alas!
Que eu quero passar
Ó Abre-alas!
Que eu quero passar
Eu sou da Lira
Não posso negar
Eu sou da Lira
Não posso negar

Ó Abre-alas!
Que eu quero passar
Ó Abre-alas!
Que eu quero passar
Rosa de Ouro
É quem vai ganhar
Rosa de Ouro
É quem vai ganhar

LUA BRANCA

Da Opereta "O Forrobodó"

Canção

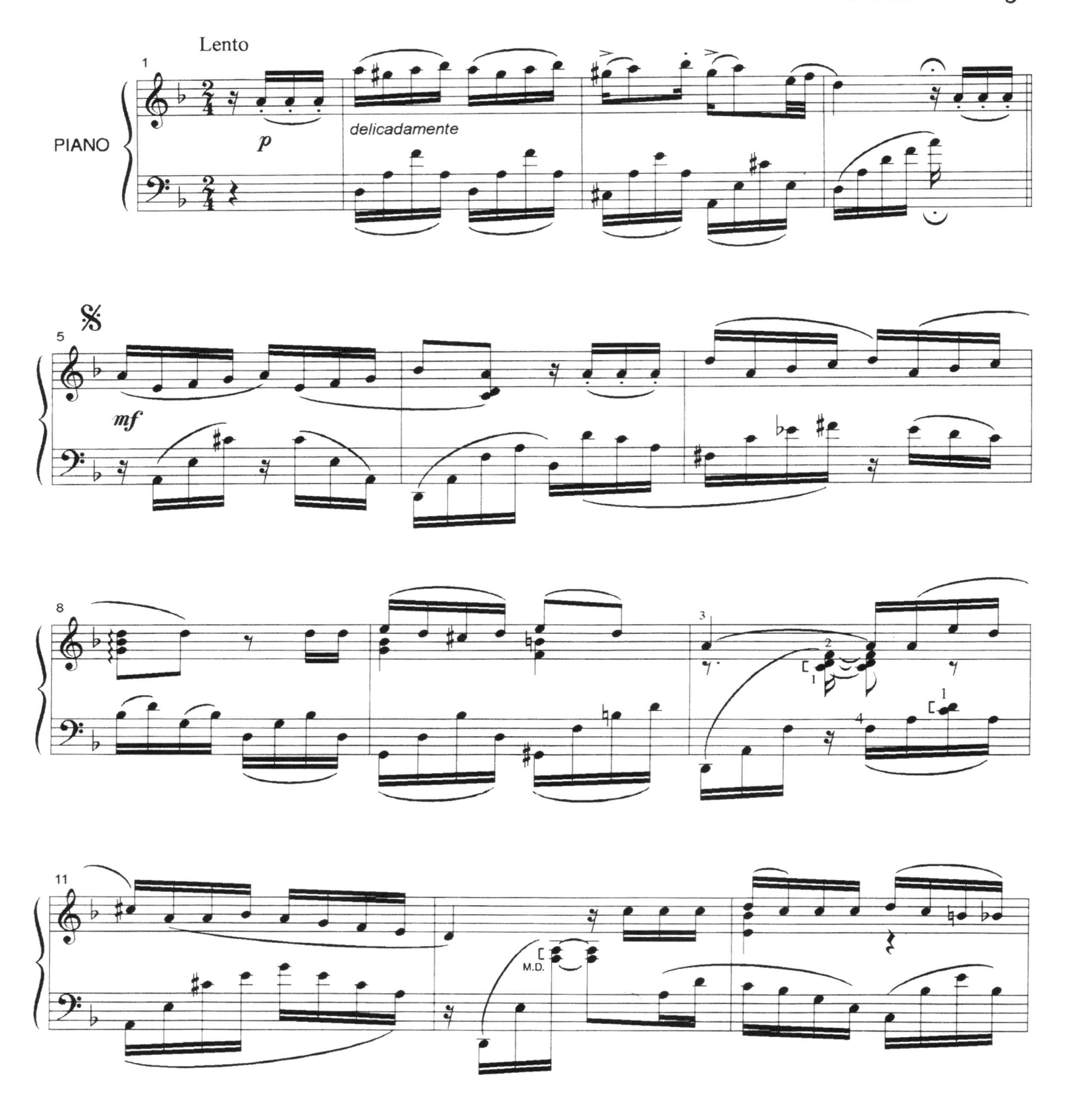

Francisca Gonzaga

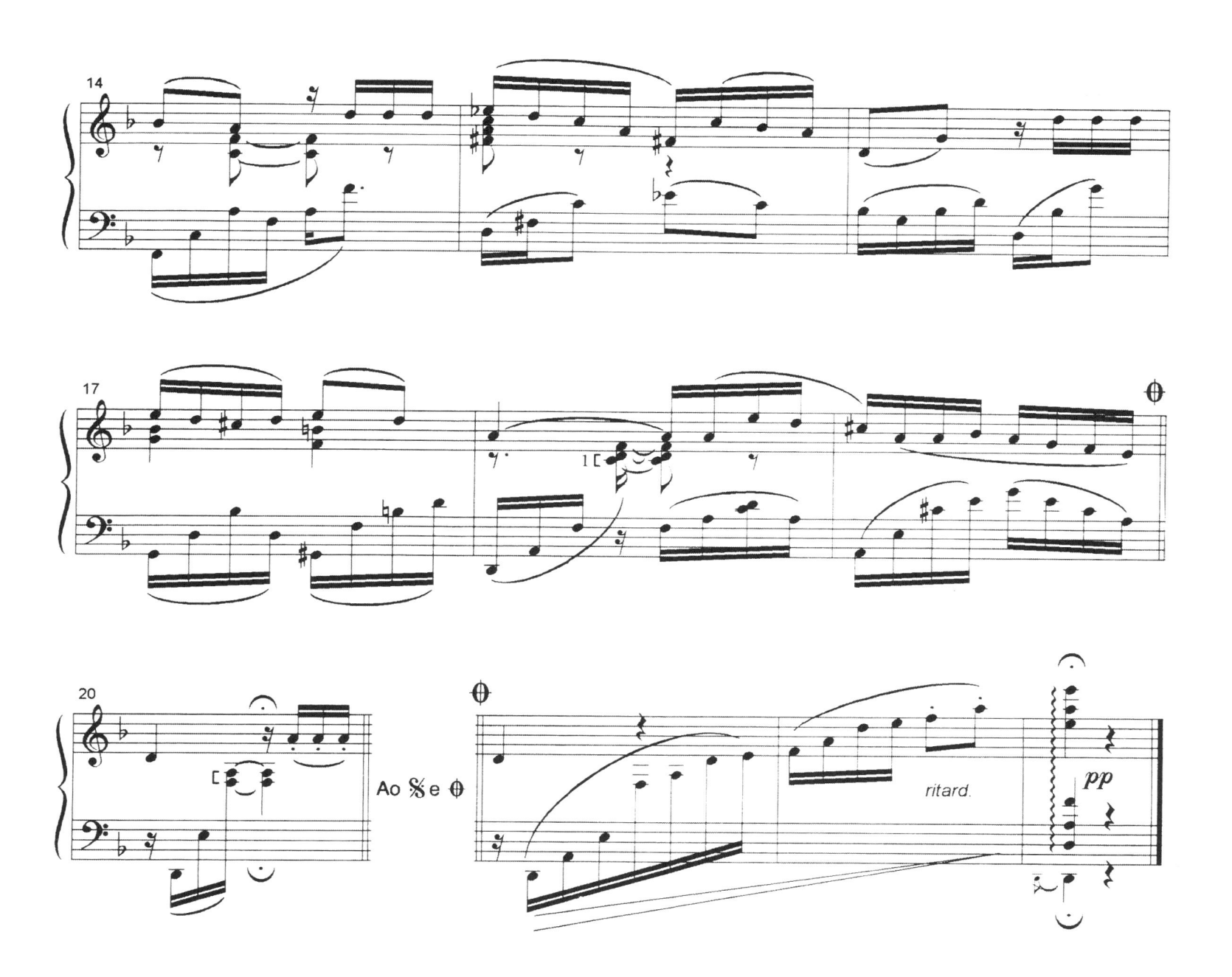

Oh! Lua branca de fulgores e de encanto
Se é verdade que ao amor tu dás abrigo
Vem tirar dos olhos meus o pranto
Ai, vem matar esta paixão que anda comigo.

Ai, por quem és, desce do céu, oh! Lua branca,
Essa amargura do meu peito...oh! Vem, arranca
Dá-me o luar da tua compaixão
Oh! vem, por Deus, iluminar meu coração.

E quantas vêzes lá no céu me aparecias
A brilhar em noite calma e constelada
A sua luz, então, me surpreendia
Ajoelhado junto aos pés da minha amada.

E ela, a chorar, a soluçar, cheia de pejo
Vinha em seus lábios me ofertar um doce beijo.
Ela partiu, me abandonou assim...
Oh! lua branca, por quem és, tem dó de mim.

GAÚCHO
(CÁ E LÁ - O CORTA JACA)

Tango Brasileiro

Francisca Gonzaga
(1847 - 1935)

Côro e Dança

FIM

D.C. ao FIM

ANNITA

Polka

À simpática artista A. Manarezzi

Francisca Gonzaga

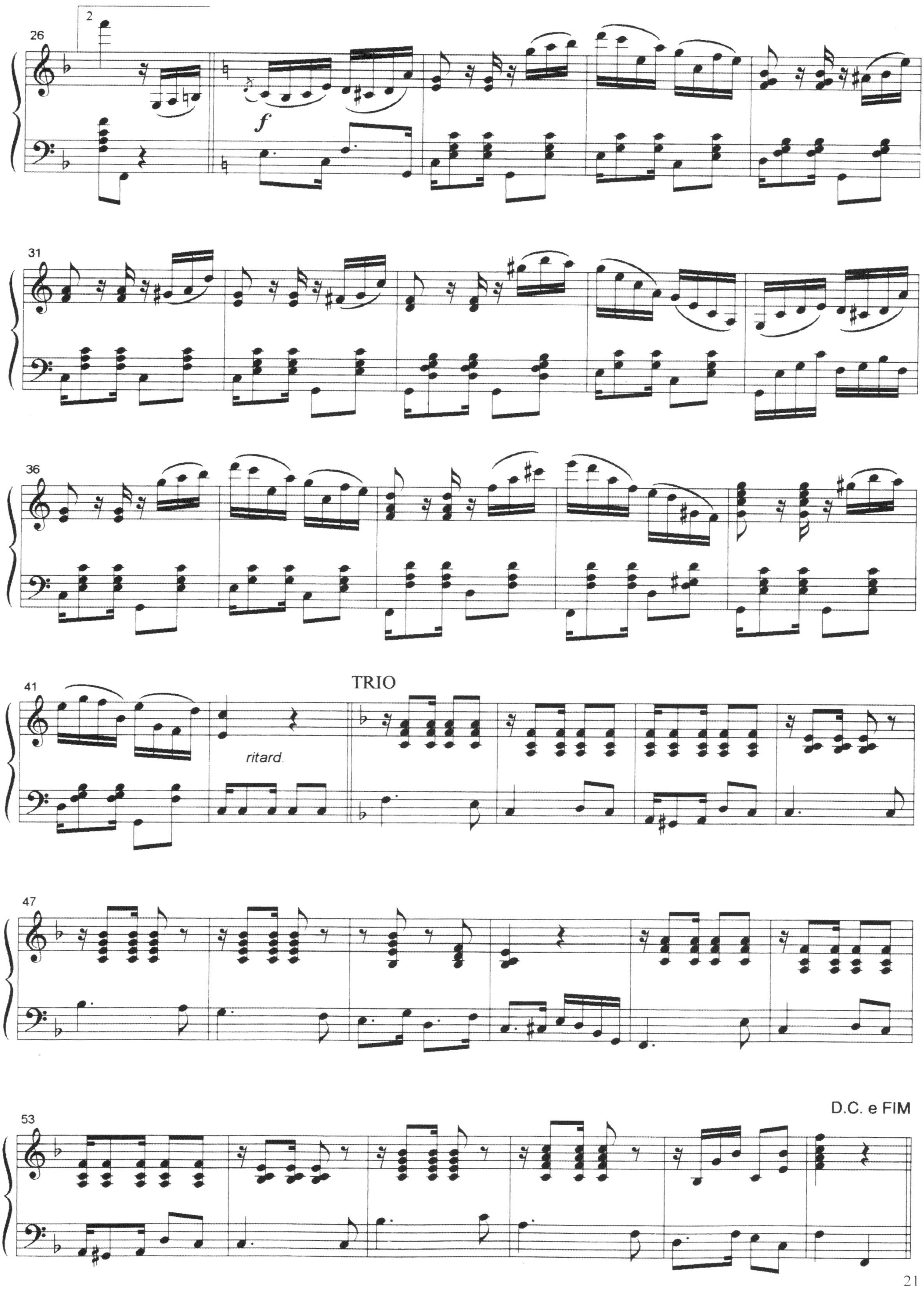
2
f
TRIO
ritard.
D.C. e FIM

SACI-PERERÊ

da Opereta em I ato
A CORTE NA ROÇA
Tango Brasileiro

Ao meu filho João

Francisca Gonzaga

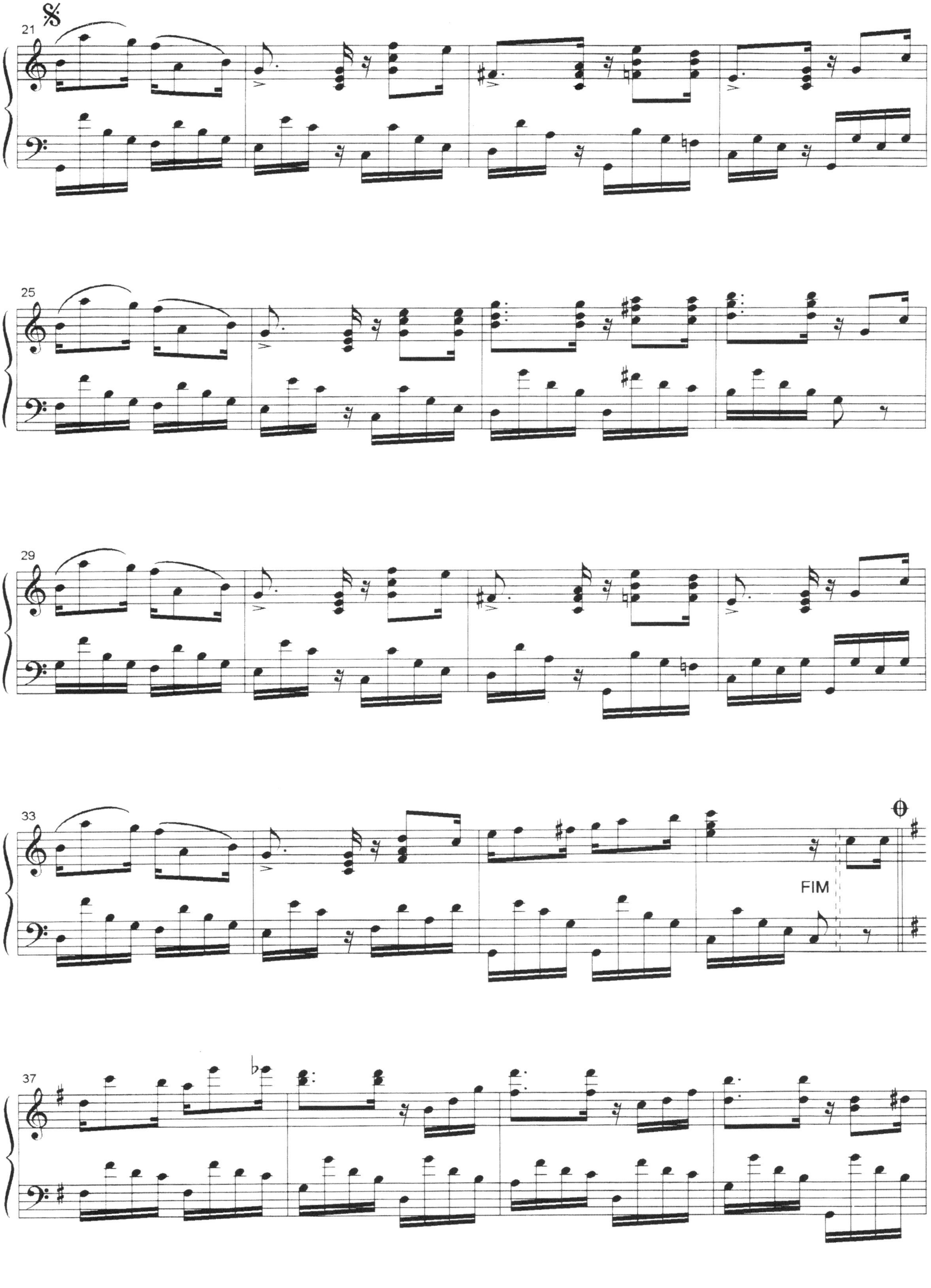
FIM

D.C. ao FIM

A CORTE NA ROÇA
Opereta em I Ato
RECITATIVO

Francisca Gonzaga

INTRODUÇÃO
Allegretto

RECITATIVO
Moderato

MEDITAÇÃO

Executada no Drama "O Crime do Padre Amaro"

Ao ilustre Violoncelista
Frederico do Nascimento

Francisca Gonzaga

33
dim.
apaixonado
40
47
dim.
apaixonado
53
expressivo
60
rall.
66

A DAMA DE OUROS

Mazurka

Francisca Gonzaga

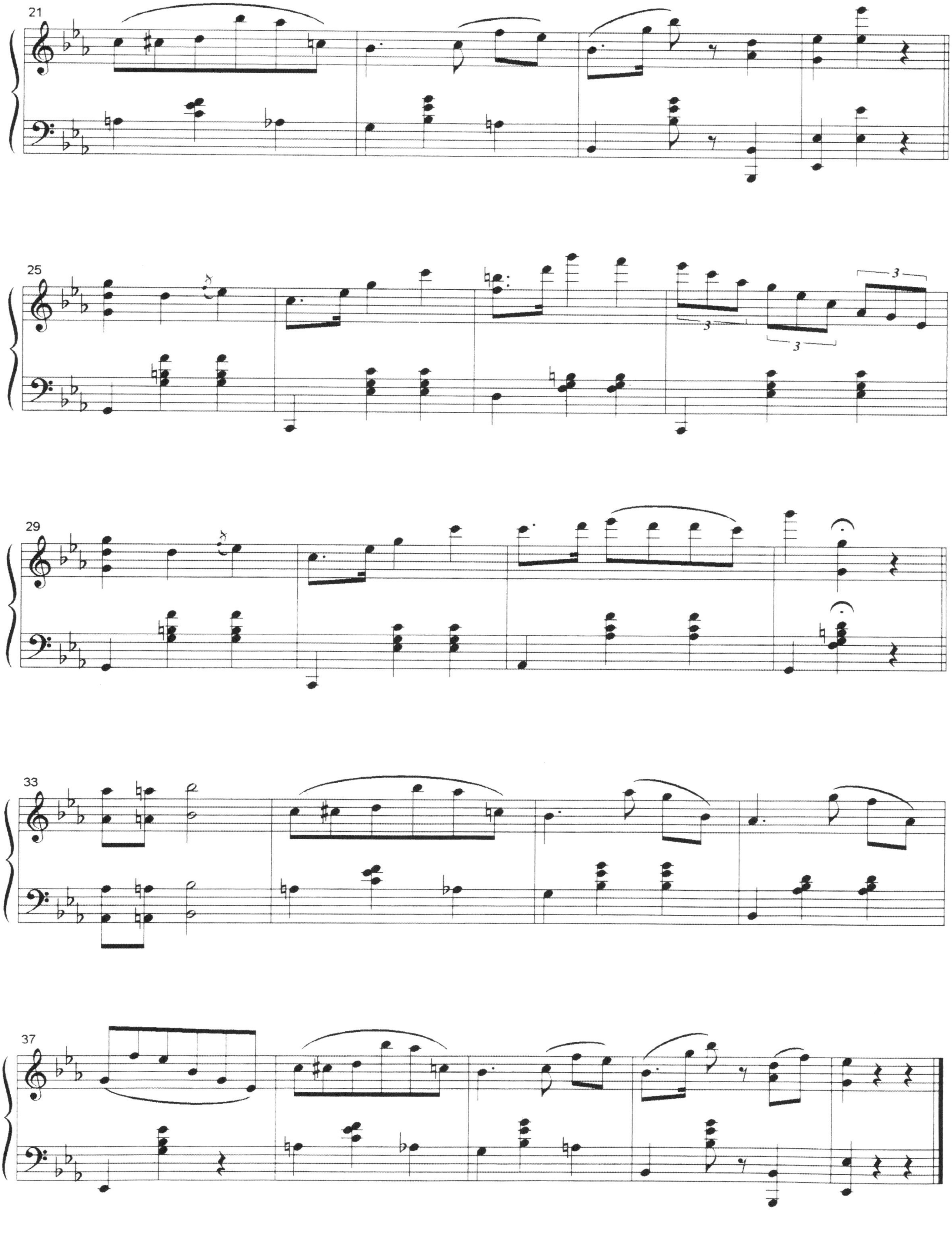
21
25
29
33
37

CARLOS GOMES
Em homenagem ao ilustre maestro

Valsa Brilhante

Francisca Gonzaga

INTRODUÇÃO

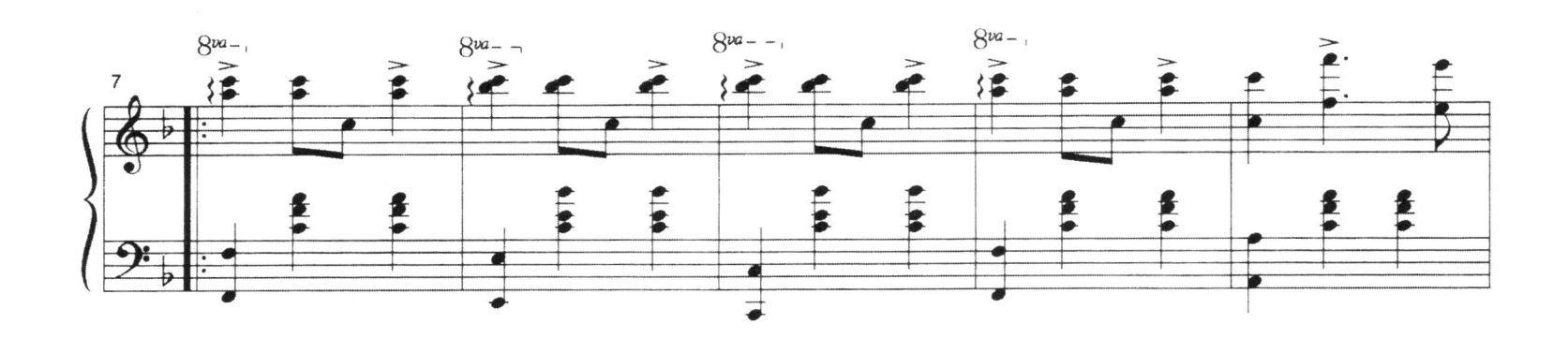

Allegro vivace

23
30
8va
(8va)
37
8va
8va
(8va)
43
8va
8va
8va
49
8va
55
8va
8va
8va
8va

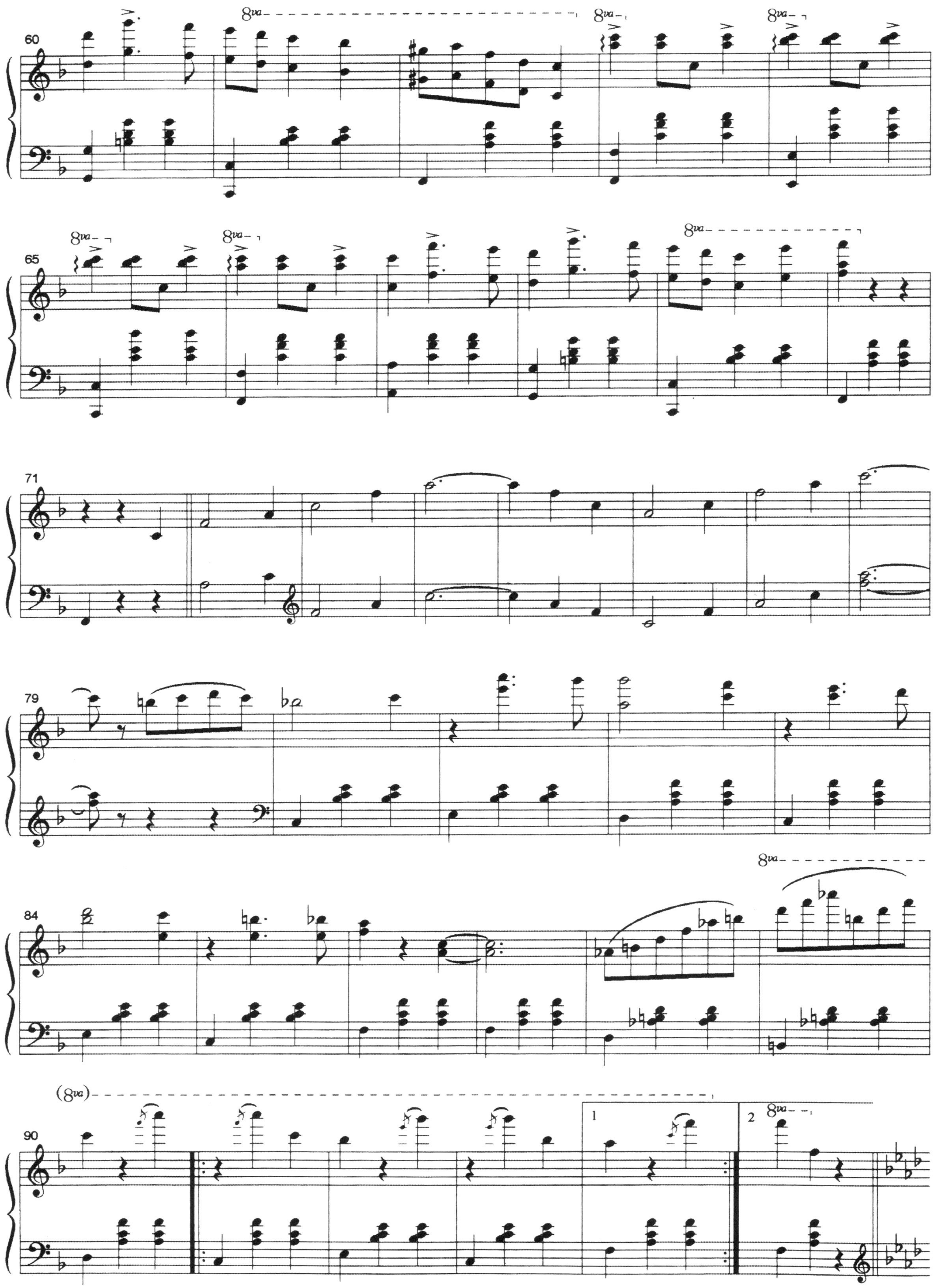
8va
(8va)
60
65
71
79
84
90
1
2

NÃO INSISTAS, RAPARIGA!
Polka

Francisca Gonzaga

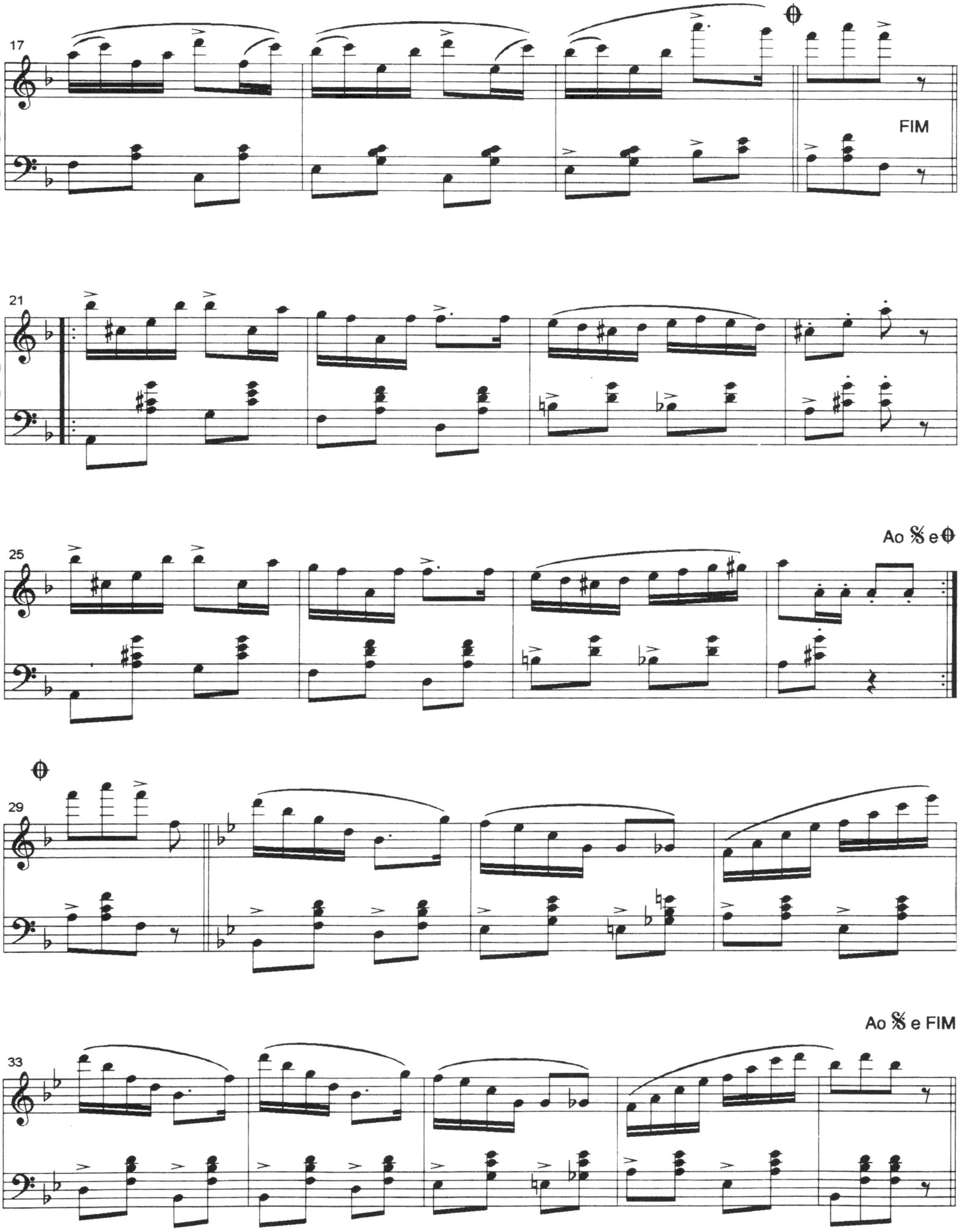
FIM
Ao 𝄋 e 𝄌
Ao 𝄋 e FIM

ATRAENTE

Polka

Francisca Gonzaga

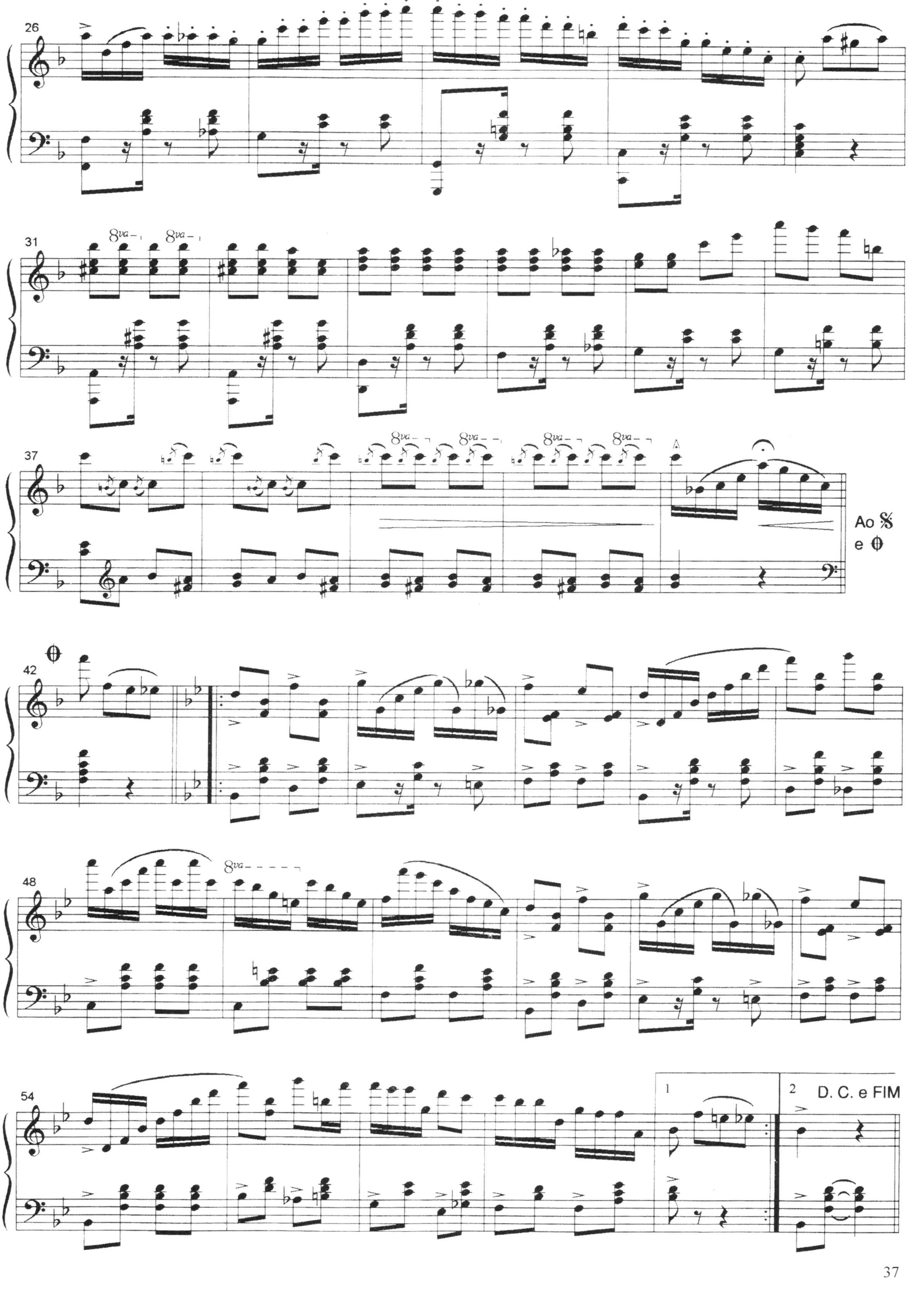
26
31
8va
37
Ao 𝄋 e 𝄌
42
48
54
1
2
D. C. e FIM

VIVA O CARNAVAL!
Polka

Ao Maestro :
Francisco G. de Carvalho

Francisca Gonzaga

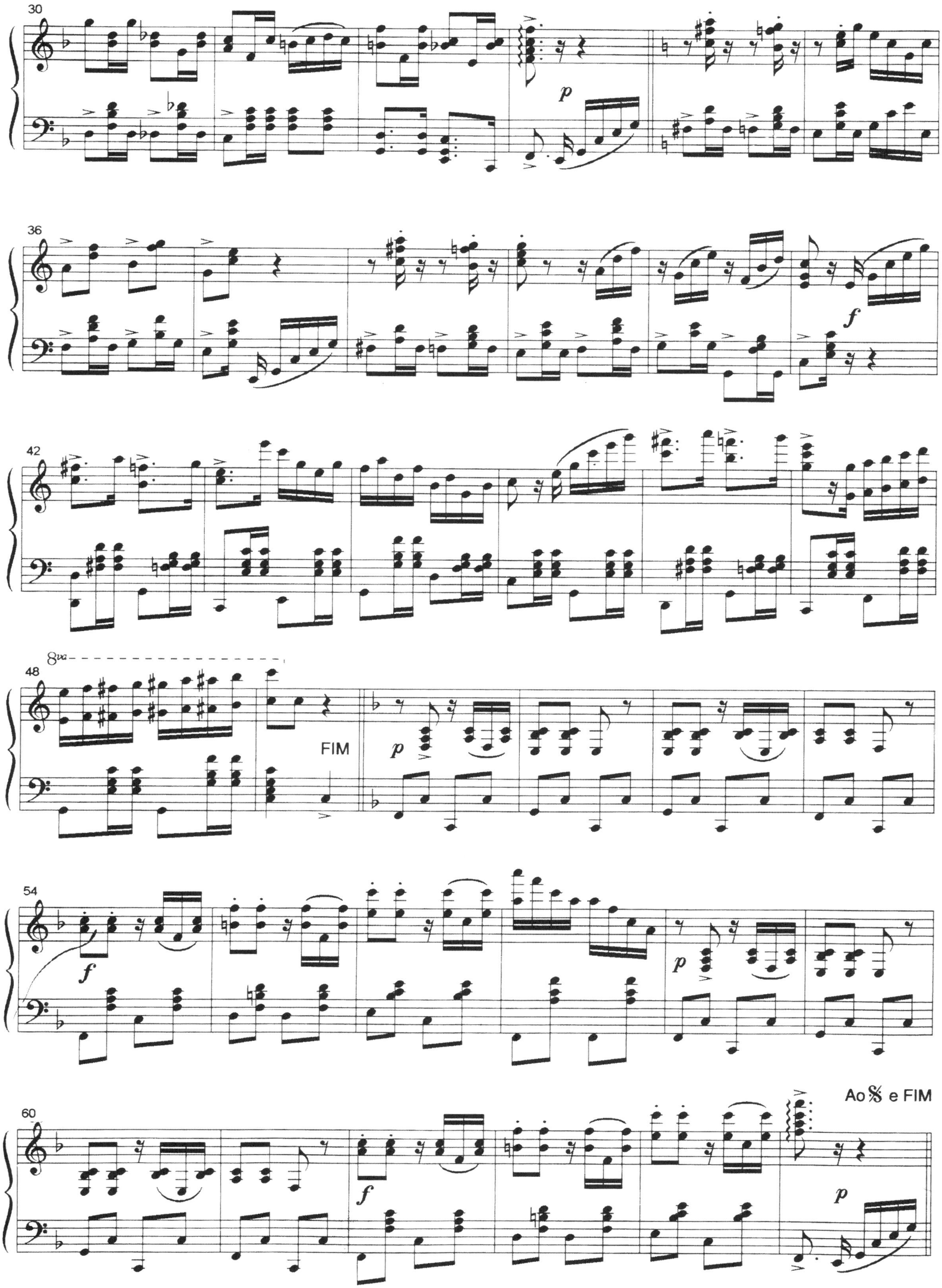

30
p
36
f
42
8va
48
FIM
p
54
f
p
60
Ao 𝄋 e FIM
f
p

Ó ABRE-ALAS

Marcha-rancho

Francisca Gonzaga

Ó Abre-alas!
Que eu quero passar
Ó Abre-alas!
Que eu quero passar
Eu sou da Lira
Não posso negar
Eu sou da Lira
Não posso negar

Ó Abre-alas!
Que eu quero passar
Ó Abre-alas!
Que eu quero passar
Rosa de Ouro
É quem vai ganhar
Rosa de Ouro
É quem vai ganhar

LUA BRANCA

Da Opereta "O Forrobodó"

Canção

Francisca Gonzaga

Oh! Lua branca de fulgores e de encanto
Se é verdade que ao amor tu dás abrigo
Vem tirar dos olhos meus o pranto
Ai, vem matar esta paixão que anda comigo.

Ai, por quem és, desce do céu, oh! Lua branca,
Essa amargura do meu peito...oh! Vem, arranca
Dá-me o luar da tua compaixão
Oh! vem, por Deus, iluminar meu coração.

E quantas vêzes lá no céu me aparecias
A brilhar em noite calma e constelada
A sua luz, então, me surpreendia
Ajoelhado junto aos pés da minha amada.

E ela, a chorar, a soluçar, cheia de pejo
Vinha em seus lábios me ofertar um doce beijo.
Ela partiu, me abandonou assim...
Oh! lua branca, por quem és, tem dó de mim.

GAÚCHO
(Cá e lá - O corta-jaca)
Tango Brasileiro

Francisca Gonzaga

ANNITA
Polka

À simpática artista A. Manarezzi

Francisca Gonzaga

SACI - PERERÊ
da opereta em 1 ato
A CORTE NA ROÇA
Tango Brasileiro

Ao meu filho João

Francisca Gonzaga

A CORTE NA ROÇA

Opereta em I ato

RECITATIVO

Francisca Gonzaga

MEDITAÇÃO

Executada no Drama "O Crime do Padre Amaro"

Ao ilustre violoncelista
Frederico do Nascimento

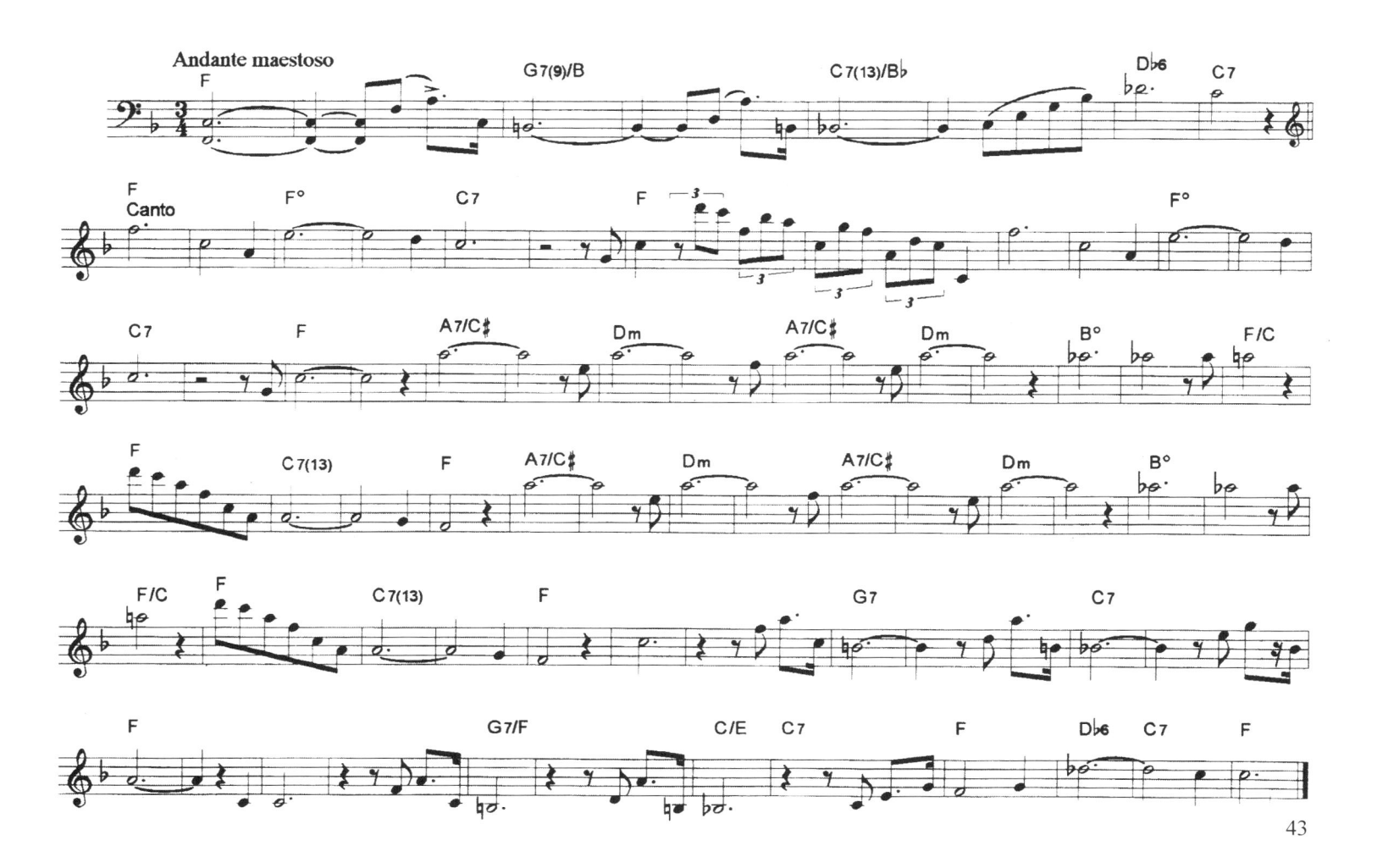

Francisca Gonzaga

A DAMA DE OUROS

Mazurka

Francisca Gonzaga

CARLOS GOMES
Em homenagem ao ilustre maestro

Valsa Brilhante

Francisca Gonzaga

Allegro vivace

NÃO INSISTAS, RAPARIGA!

Polka

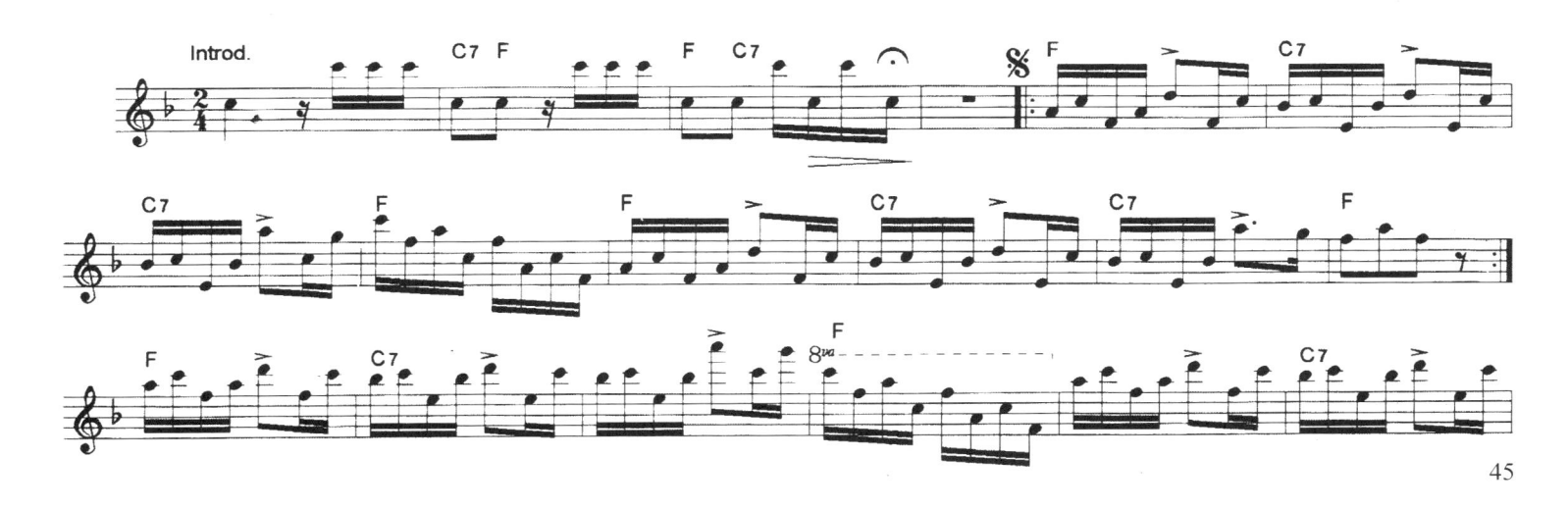

Francisca Gonzaga

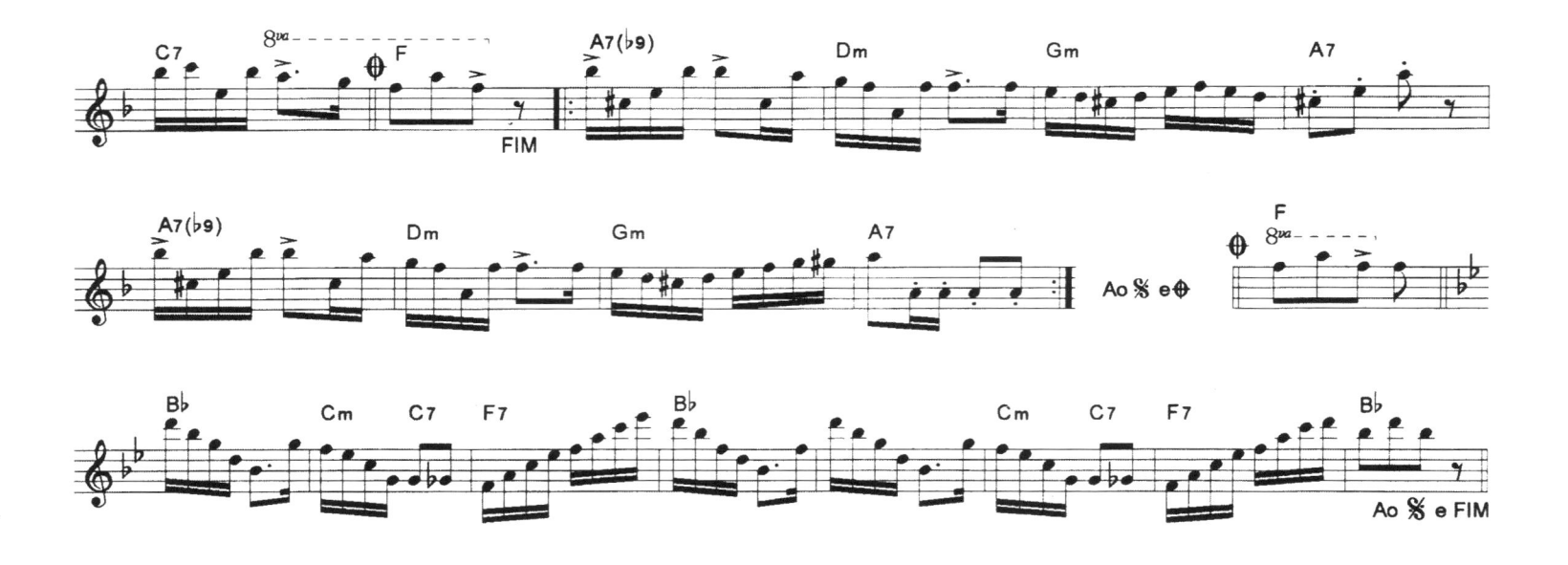

ATRAENTE

Francisca Gonzaga

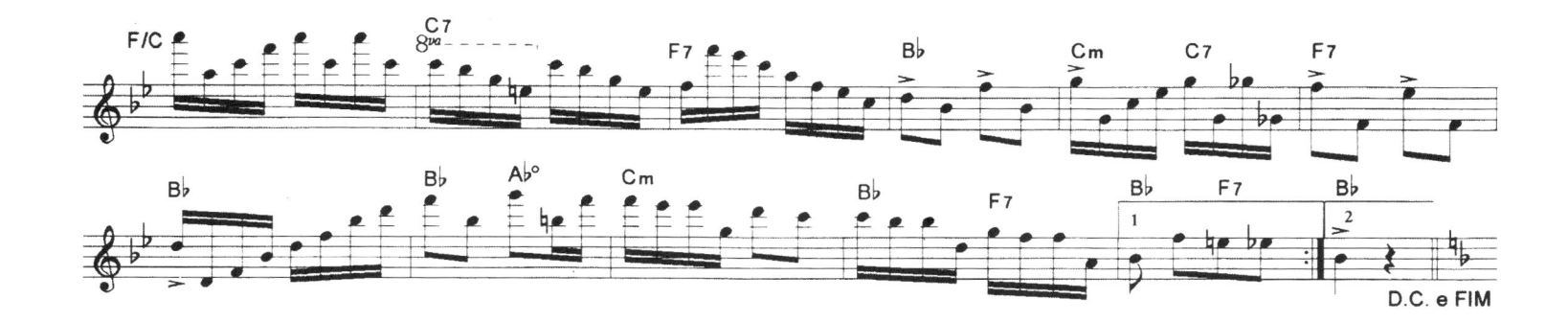

VIVA O CARNAVAL!

Polka

Ao maestro:
Francisco G. de Carvalho

Francisca Gonzaga